데코 페이퍼
Deco Paper

● 서여정 지음 ●

미디어샘

꿈꾸는 달리아 서여정

달콤하우스 작업실에서의 일상을 놀이처럼 즐긴다. 알록달록 화사한 색감과 순수함이 묻어나는 그녀만의 감성은 마치 동화 속 친구들이 그렇듯 아이처럼 귀엽고 사랑스럽기만 하다. 아기자기하게 집을 꾸미고, 일상 속 작은 파티를 준비할 때면 그녀의 핸드메이드 소품들은 빛을 발한다. 이 책은 직접 만든 종이 소품들을 다양한 파티에 활용할 수 있도록 했다. 도안과 만드는 방법, 작가의 개성이 느껴지는 파티테이블 꾸미기 팁 등을 사진으로 제시하여 누구나 쉽게 특별한 파티 분위기를 연출할 수 있다. 현재 그녀는 **꿈꾸는 달리아** www.dahlia0718.blog.me 블로그와 홈클래스를 통해 DIY를 사랑하는 많은 사람들과 소통하고 있으며, 직접 디자인한 인테리어 & 파티소품 패키지도 판매하고 있다.

데코 페이퍼 Deco Paper

초판 1쇄 인쇄 2014년 12월 7일
재판 1쇄 발행 2020년 8월 20일

지은이 서여정
펴낸이 신주현 이정희
마케팅 양경희

디자인 조성미
종이 월드페이퍼
제작 (주)아트인

펴낸곳 미디어샘
출판등록 2009년 11월 11일 제311-2009-33호

주소 122-040 서울시 은평구 통일로 856 메트로타워 1117호
전화 02) 355-3922 | 팩스 02) 6499-3922
전자우편 mdsam@mdsam.net

ISBN 978-89-6857-157-2 13630

www.mdsam.net

PROLOGUE

귀엽고 사랑스러운 종이소품과 함께, 일상 속 작은 파티를 열어보세요!

파티가 꼭 거창할 필요는 없어요. 1년에 한 번뿐인 그날이 아니어도 괜찮아요.

누구든지, 언제 어디서나 간단한 소품과 간식만 있으면 준비할 수 있는 일상 속의 작은 파티!

그것이야말로 진정한 파티가 아닐까요?

파티하고 싶은 날, 가위를 꺼내 책에 실린 도안들을 오려보세요

종이 도안을 간단히 오려 붙이고 장식해 만드는 파티소품은 밋밋했던 테이블을 특별하게

바꿔줄 거예요. 손재주가 없어 고민하고 있나요? 고민하지 말고 책을 펼쳐보세요. 간단한

재료만 있으면 당신도 이제 멋진 파티 플래너! 두려워하지 마세요!

파티 테이블에 나만의 손길과 정성을 가득 담아보세요

몇 번의 가위질이면 충분해요. 사랑스러운 종이소품은 일상 속 작은 파티에 큰 기쁨이 될

거예요. 파티를 준비하면서 설렘과 행복을 느껴보시기 바랍니다.

By 꿈꾸는 달리아 서여정

CONTENTS

요미가든 스트로우 장식
Yummy Garden Straw Decor

●30●
도안 97~99

쿡쿠 파티타임 초대카드
Cuckoo Party Time Invitation Card

●34●
도안 101~103

애니멀 프렌즈 생일 케이크 번팅
With Animal friends Round &
Round Birthday Party Cake Bunting

●38●
도안 105~107

북유럽 패턴 미니 크라운 &
도넛 컵케이크 파티 안경
Nordic Pattern Mini Crown &
Donut Cupcake Party Glasses

●42●
도안 109~115

두둥실~ 아이스크림 풍선 장식
Ice Cream Balloon Decor

●46●
도안 117~121

백조의 호수 파티 모빌
Swan Lake Party Mobile

●50●
도안 123~133

간결한 문구를 넣은 말풍선 토퍼와 실루엣 토퍼,
직접 메시지를 적는 메시지 토퍼,
파티 종류에 따라 연출하는 숫자 토퍼까지
다양하게 구성된 버블버블 파티 토퍼 세트입니다.

버블버블~
컵케이크 파티 토퍼

비눗방울 놀이는 즐거워!

아이들은 재미나게, 어른들도 동심으로 돌아가는
파티가 열렸어요!
컵케이크와 달콤한 파티 음식 위에
버블버블 토퍼 친구들을 콕콕 꽂아 장식해주세요.

How to make ?

Material   토퍼 도안, 가위, 펜, 테이프 or 글루건, 나무꼬지 or 스트로우

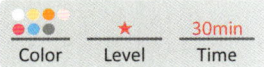

책 뒤쪽의 토퍼 도안들을 오려주세요. (p.55~61)

TIP 숫자 도안은 파티 상황에 맞게 골라서 잘라 사용하세요.

도트 패턴 말풍선 도안에는 원하는 파티문구를 적어주세요.

자른 토퍼 도안 뒷부분에 스트로우나 나무꼬지 등을 테이프로 고정시켜 붙여줍니다.
글루건으로 붙이면 더 단단하게 고정시킬 수 있어요.

4

완성된 토퍼들을 달콤한 컵케이크에
예쁘게 꽂아주면 완성!

5

파티 테이블 위나 케이크 트레이 위에
컵케이크 친구들을 쪼르르 놓고
버블버블 파티 토퍼를 꽂아서 파티를 즐겨보세요~

TIP

꼭 컵케이크가 아니어도
좋아요. 과일이나 떡, 파
이 등 파티 음식에 토퍼
를 꽂아 장식해도 귀여
워요. 스트로우 장식이나
카드 장식, 선물용 태그
로 활용해도 좋아요.

토퍼에 리본을 달아 사랑스럽게 연출해주면 더욱 예쁘답니다.
비눗방울과 말풍선 토퍼들을 흐름에 맞게 배열하는 재미도 있어요.
이벤트에 맞게 숫자 토퍼를 골라 100일이나 생일파티, 기념일 등
다양하게 활용해 예쁜 파티 테이블을 꾸며보세요.

상큼 후르츠 글래스 장식

새콤달콤한 과일맛 파티!

유리병에는 라벨 태그처럼, 유리잔에는 과일 장식을 더한듯
센스 있는 글래스 데코를 연출할 수 있답니다.
후르츠 음료와 함께, 새콤달콤한 과일맛 파티를 즐겨보세요!

색색의 다양한 과일맛 음료에
예쁜 이름표 장식을 달아주면
상큼한 파티 분위기가 한층 살아나지요.

파티에 결코 빠질 수 없는 달콤한 음료들.
투명한 유리병에 과일 주스를 담아 준비하고,
유리잔에는 맛있는 음료를 따라주세요.

How to make ?

● ● ● ● ● ● ● ● ● ● ● ● ● ● ● ● ●		**★ ★**		**30min**	Material 글래스 장식 도안, 가위, 풀, 글루건
Color		Level		Time	

1

책 뒤쪽의 글래스 장식 도안을 오려주세요.(p.63~67)

🍒 **태그 장식**

2

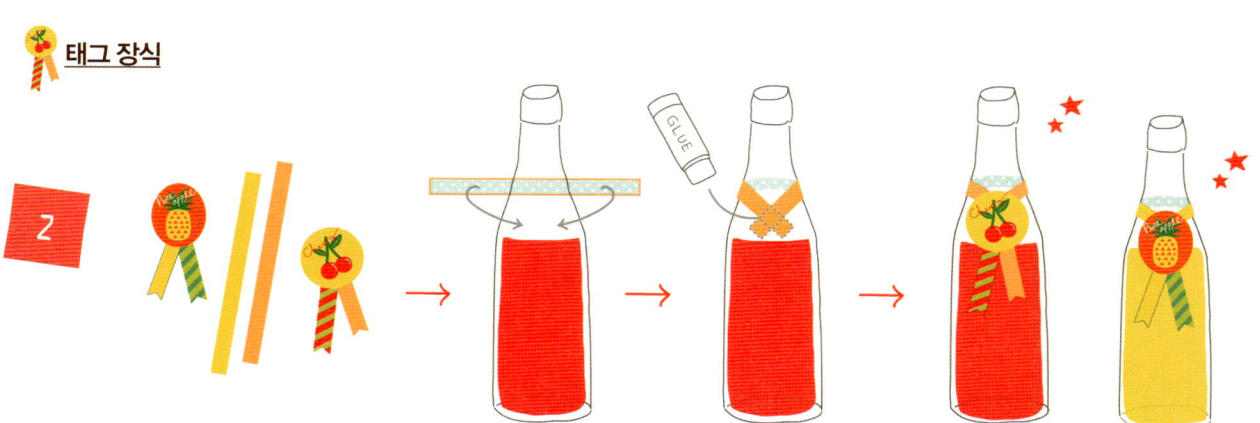

그림처럼 리본 도안을 병 위쪽에 감싸 겹쳐주세요.
겹친 부분은 풀로 고정하고, 리본 앞부분에 과일 도안을 풀로 붙이면 완성!

TIP 글루건으로 붙여주면 더 단단하게 고정됩니다.

유리잔 과일 장식

3

끼워 넣기

오려둔 딸기, 오렌지, 키위, 수박 도안에 표시된 선을 따라 가위집을 내세요.
유리잔에 과일 음료를 따르고, 가위집 낸 과일 도안을 잔 끝에 끼우면 끝!

TIP 유리잔의 두께에 맞춰서 약 1~1.5mm 정도로
가위집을 내면 잘 끼워져요.

4

새콤달콤 다양한 과일맛 음료를 준비해서 투명한 유리병, 유리잔에 예쁘게 따라주세요.
여기에 상큼 후르츠 글래스 장식을 더해주면 알록달록 화사한 파티 테이블이 연출됩니다.
후르츠 음료와 함께 눈과 입이 즐거운 파티 타임을 가져보세요!

동화 속 캐릭터 친구들이 달콤한 선물을 준비했어요.
생크림 듬뿍 얹은 컵케이크와
입 안에서 사르르 녹는 말랑말랑 마시멜로까지
보기만 해도 달달해지는 기분이에요.

캐릭터
컵케이크 라이너

동화 속 친구들과 함께 달콤 냠냠 파티!

간단하게 오려서
파티 음식을 예쁘게 장식해
달콤 냠냠 파티를 즐겨보세요!

동화 속 세상에서 날아온 숲 속 요정, 디저트 왕국의 달콤공주,
행복한 나라의 앨리스, 사과가 좋아 빨간모자 소녀, 오늘도 꿈꾸는 인어공주.
모두모두 귀엽고 사랑스러운 동화 속 캐릭터랍니다.

▼▼▼▼▼▼

How to make ?

Color	Level ★★	Time 40min

Material 컵케이크 라이너 도안, 가위, 칼

1

책 뒤쪽의 컵케이크 라이너 도안을 오려주세요. (p.69~75)

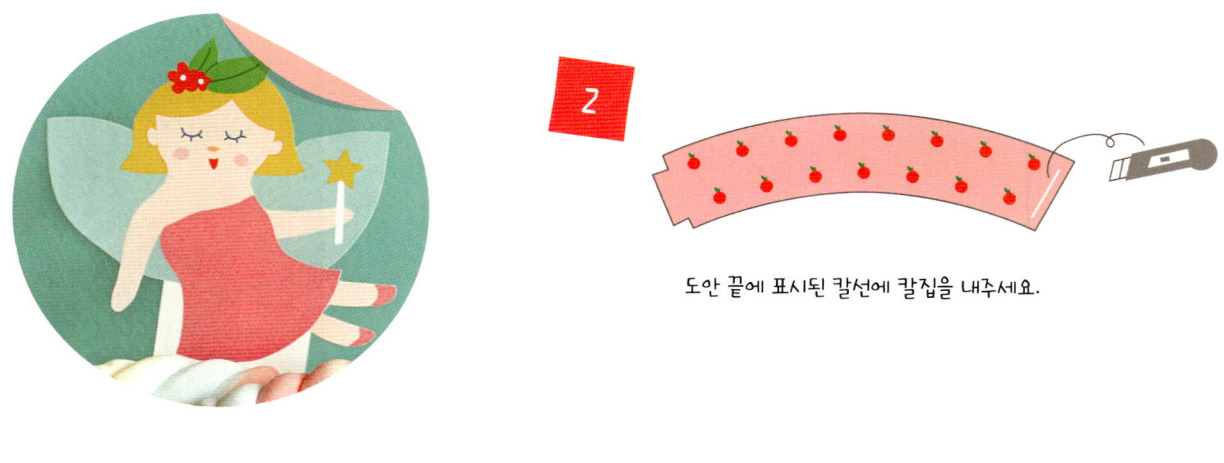

2

도안 끝에 표시된 칼선에 칼집을 내주세요.

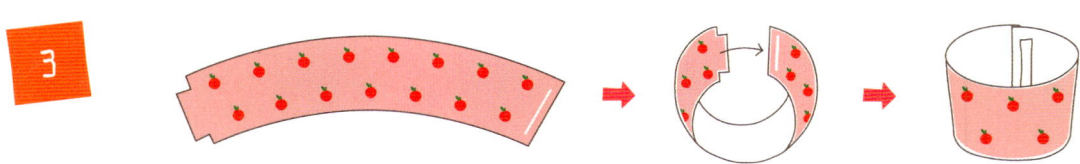

3

도안을 그림과 같이 말아 칼집 낸 부분에 끼워 원통 형태를 만들어요.

원통 모양으로 만든 라이너에 컵케이크를 넣고,
오려둔 캐릭터 픽을 라이너와 컵케이크 사이에 끼워 넣으면 완성!
나머지 4개의 라이너도 같은 방법으로 만들어주세요.

깜찍하고 귀여운 동화 속 캐릭터 라이너에
컵케이크를 담고 달콤 냠냠 파티를 즐겨보세요.

Let's eat!

Yum yum!!

캔디나 초콜릿, 마시멜로 등을 담아내도 좋아요.
동화 속 친구들이 선물해주는 디저트 음식과 함께라면 더없이 즐거운 파티가 될 거예요.

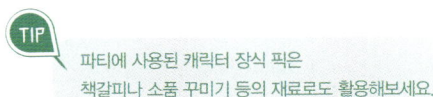

TIP 파티에 사용된 캐릭터 장식 픽은
책갈피나 소품 꾸미기 등의 재료로도 활용해보세요.

파티 테이블의 특별한 분위기를 연출하기 위해서는
꽃이 빠질 수 없겠죠.
플라워 부케 냅킨링과 함께
달콤하고 화사한 파티 테이블을 꾸며보세요.

플라워 부케 냅킨링

화사한 파티 테이블을 꾸며요!

알록달록 플라워 도안을 오리고, 귀여운 리본링 장식을 만들어
냅킨에 꽂기만 하면 사랑스러운 꽃다발이 탄생됩니다.
밋밋했던 냅킨의 재미있는 변신이지요.

꽃병에 담긴 생화가 아니어도 좋아요.

How to make ?

Color	Level	Time
★★	30min

Material   냅킨링 도안, 가위, 딱풀, 스테이플러, 칼, 자

꽃 도안은 겉 라인을 따라
가위로 오려주세요.

1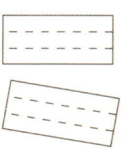

책 뒤쪽의 냅킨링 도안을 오려주세요.(p.77~81)

TIP 흰 냅킨 사용 시, 안쪽 면은
오리지 않아도 티나지 않아요.

2

   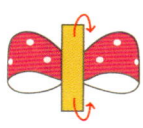

리본 양끝에 풀을 바르고, 가운데로 둥글게 모아 붙여주세요.
노란 직사각형 도안 뒷면에 풀을 바른 뒤, 리본 중심에 감싸듯 붙여주세요.
리본 꼬리를 풀로 붙이면 완성!

3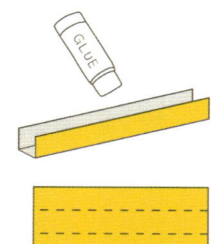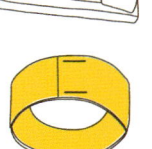

노란색 링 도안을 점선대로 두 번 접고
안쪽에 풀을 발라 단단히 붙여주세요.

TIP 점선은 자와 칼등을 이용해
미리 그어주고 접으면
깔끔하게 접을 수 있어요.

붙인 띠를 둥그랗게 말아 겹친 뒤
스테이플러로 고정해주세요.
링과 리본장식을 붙여주면 냅킨링 완성!

4

냅킨을 부케 모양으로 접고, 리본링에 꽃 도안을 냅킨과 함께 꽂아보세요.
밋밋했던 냅킨이 어느새 예쁜 꽃다발로 변해 있을 거예요.
플라워 부케 냅킨링과 함께 사랑스럽고 화사한 파티 테이블을 꾸며보세요.

TIP 부케 모양으로 냅킨 접는 법

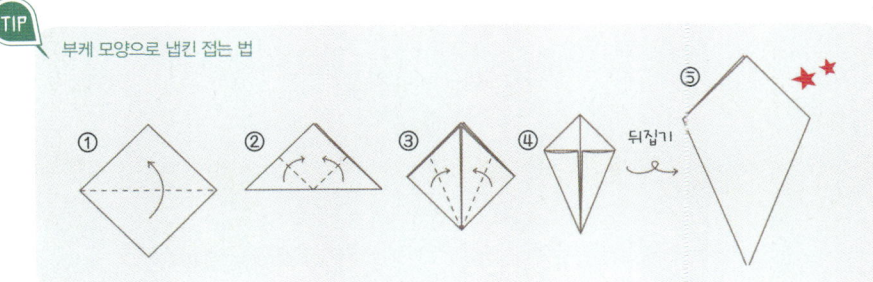

사랑스러운 기프트 파티 가랜드를 만들어
달콤한 케이크와 함께 즐거운 파티를 열어보세요.

기프트
파티 가랜드

받고 싶은 파티 선물들이 쪼르르~

소중한 사람에게 전하는 선물을 가랜드로 만들어봐요.
달콤한 캔디, 귀여운 인형과 장난감들이 쪼르르르~
예쁜 도안들을 오리고 윗부분에 구멍을 뚫어 실로 연결해주면 완성!

How to make ?

Color	Level	Time
	★★	40min

Material 가랜드 도안, 가위, 송곳, 실, 돗바늘, 딱풀, 핀 or 마스킹 테이프

책 뒤쪽의 가랜드 도안을 오려주세요.(p.83~87)

오린 도안들 위쪽에 표시된 두 개의 점을 송곳으로 뚫어주세요.
5개의 깃발 도안은 반으로 접어주세요.

3

도안들을 적당히 자른 실에 차례로 끼워줍니다.
돗바늘에 실을 꿰어 도안의 구멍에 넣었다 빼서 이어주고,
접어놓은 깃발은 실 위에 걸고 풀을 붙입니다.

TIP 도안에 그려진 알파벳 P A R T Y를 순서대로 끼워보세요.
가랜드는 한 줄로 길게, 또는 짧게 두 줄로 만들어보세요.

4

완성된 가랜드는 벽이나 양쪽으로 묶을 수 있는 봉에 매달아 장식하세요.
가랜드를 벽에 매달 때는 양쪽에 마스킹 테이프를 붙이거나, 핀으로 떨어지지 않게 고정합니다.
내가 만든 귀엽고 사랑스러운 기프트 파티 가랜드와 함께,
받고 싶은 선물을 나누며 행복한 파티를 열어보세요!

팜랜드
파티 종이컵 장식

귀여운 동물농장 친구들과 함께해요~

FARM LAND

동물 친구들을 오려서 종이컵에 장식하고,
풀과 울타리도 배치해 귀여운 팜랜드를 꾸며보세요.

달콤한 음식들까지 컵에 담아 준비해주면
재미있는 파티 테이블 세팅이 완성됩니다.
귀여운 동물농장 친구들과 함께
팜랜드에서 신나는 파티를 즐겨보세요.

How to make ?

Color	Level	Time
	★★	50min

Material   종이컵 장식 도안, 가위, 자, 칼, 양면 테이프 or 글루건

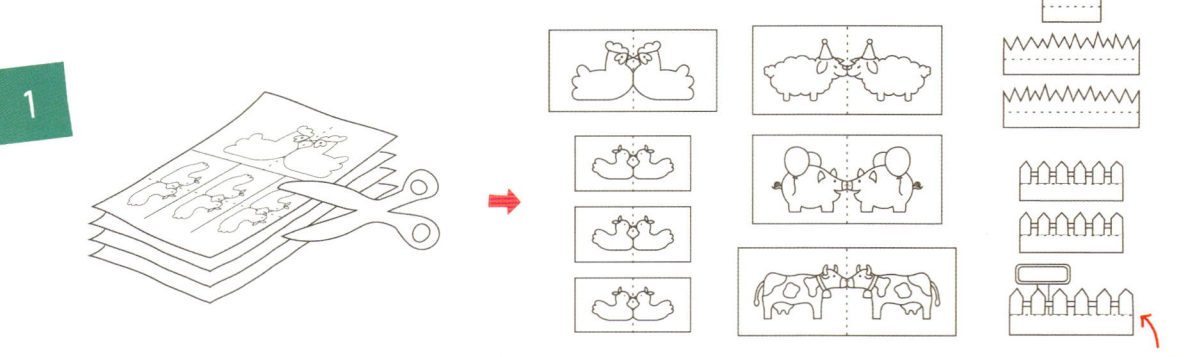

책 뒤쪽의 종이컵 장식 도안을 오려주세요. (p.89~95)

테두리 안쪽은
오리지 않아도 돼요.

TIP 동물 도안들은 사각형 모양으로 먼저 잘라주면 편해요.
울타리 안쪽 부분은 칼로 자르지 않고 테두리만 가위로 오려주세요.

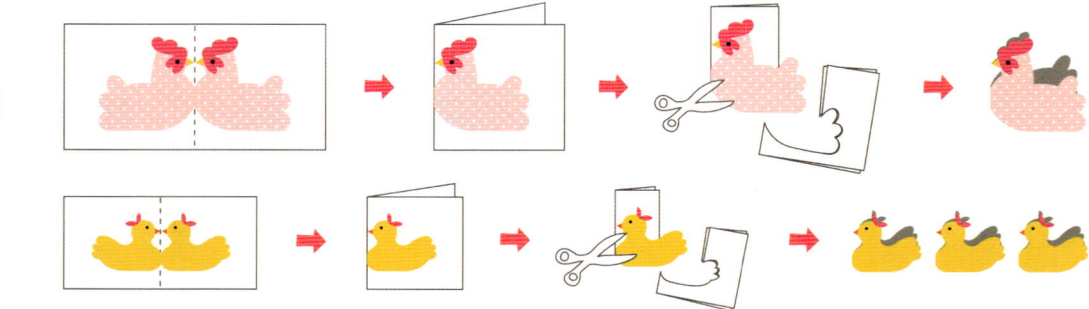

동물 도안은 점선을 따라 반으로 접어, 모양대로 한 번에 오립니다.

TIP 접은 도안 안쪽 면에 임시로 테이프를 붙여 고정하면 더 편하게 오릴 수 있어요.

3

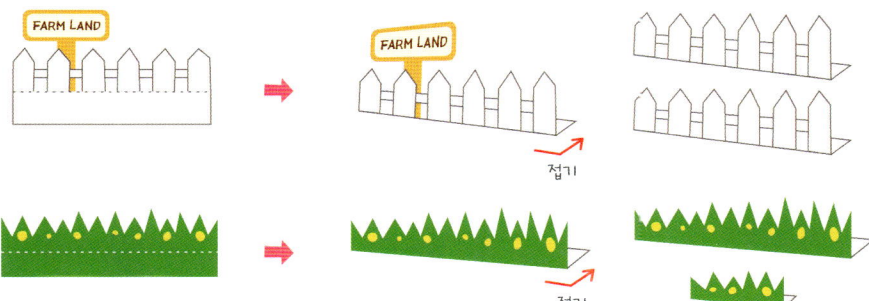

접기

접기

오려둔 울타리와 풀 도안은 점선을 따라 접어서 세우세요.

TIP 점선 부분을 자와 칼등으로 살짝 그어주면 깔끔하게 접을 수 있어요.

4

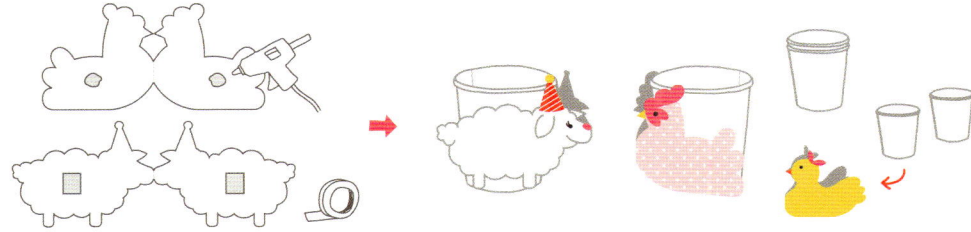

동물도안 안쪽 부분에 양면테이프를 붙이고 종이컵을 끼워 붙이세요.

TIP 글루건을 이용하면 더 단단하게 고정할 수 있어요.
병아리는 작은 종이컵에 붙이면 귀여워요.
대형문구점에서 파는 컬러 종이컵에 장식하면 더 예쁘답니다.

5

종이컵에 장식한 동물 친구들과 풀, 울타리들을 재미있게 배치해서
파티 테이블을 귀여운 팜랜드로 꾸며보세요.
달콤하고 맛있는 음식들을 가득 담으면 파티 준비 끝!

귀여운 친구들과 함께 냠냠 쪽쪽
달콤한 파티 음식을 먹는 기분은 어떨까요?
맛있는 소리 가득한 요미가든 파티!
즐거운 파티놀이에 여러분을 초대합니다.

요미가든 스트로우 장식

냠냠 쪽쪽 맛있는 가든파티놀이~

맛있는 양분을 빨아들이며 화사하게 피어나는 꽃들과,
달콤한 꿀맛 음료를 쪽쪽 빨며 행복해 하는 나비와 벌 친구들을
스트로우 장식으로 만들어 재미있게 꾸며보세요.

How to make ?

Color	Level	Time
	★	20min

Material   스트로우 장식 도안, 가위, 칼, 스트로우

1

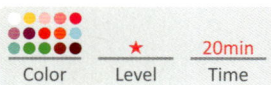

책 뒤쪽의 스트로우 장식 도안들을 오려주세요. (p.97~99)

2

칼집

요미가든 친구들의 웃는 입을 칼로 잘라 구멍 내주세요.
아래쪽엔 선을 따라 칼집을 내주세요.

3

색색깔의 스트로우를
준비해주세요.

요미가든 친구들의 입속으로 스트로우를 끼운 뒤
아래쪽 칼집 구멍으로 빼내면 완성!

 예쁜 컬러와 패턴의 플라스틱 스트로우나 종이 스트로우를 이용하면
더 멋진 파티 테이블을 꾸밀 수 있어요.

4

냠냠 쪽쪽 다함께~ 맛있는 파티 음식을 맛보세요.
요미가든 스트로우 친구들과 함께한다면 한층 귀엽고 발랄한 파티 테이블을 꾸밀 수 있겠죠?
이제부터 신나는 가든파티 놀이를 시작해보세요!

 유리컵, 음료병, 캔 등 다양한 용기에 요미가든 스트로우를 꽂아 귀여운 파티 분위기를 내보세요.
파티를 끝낸 요미가든 친구들은 화분 픽으로 활용해도 좋아요.

쿠쿠
파티타임 초대카드

뻐꾹! 파티에 갈 시간이에요~

예쁘게 만들어서
친구들에게 파티 소식을 전하고
다함께 쿠쿠~ 즐거운 파티를 시작해보세요.

시침과 분침을 오려 시계에 붙이면
친구에게 파티 시간을 알릴 수 있어요.
쿡쿡카드는 파티 테이블 위에 세워서
귀여운 네임카드로도 활용할 수 있답니다.

뻐꾸기 알람시계 모양의 특별한 초대카드예요.
말풍선에 초대할 친구의 이름을 적어 넣고,
파티 날짜와 시간도 표시해주세요.

Cuckoo !!
PARTY Time

To.
dahlia

Date. 5. 20. 2015
Hour. 2   ○ am ✓ pm

How to make ?

Color	Level	Time
	★	20min

Material   초대카드 도안, 가위, 딱풀, 펜, 자, 칼

1

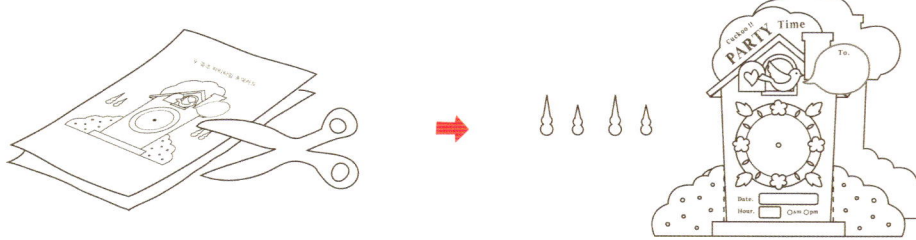

책 뒤쪽의 초대카드 도안들을 오려주세요. (p.101~103)

 TIP   시계에 붙일 시침과 분침도 오려서 준비해주세요.

2

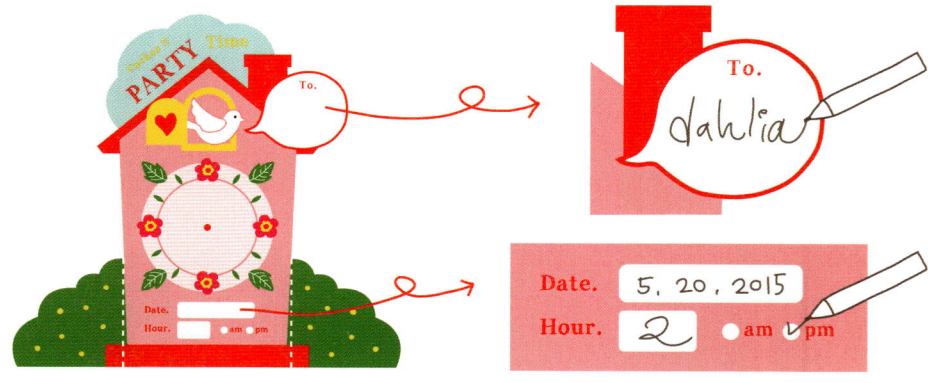

뻐꾸기 말풍선에 초대할 친구의 이름을 써주세요.
카드 하단에 파티 날짜와 시간도 적어주세요.

3

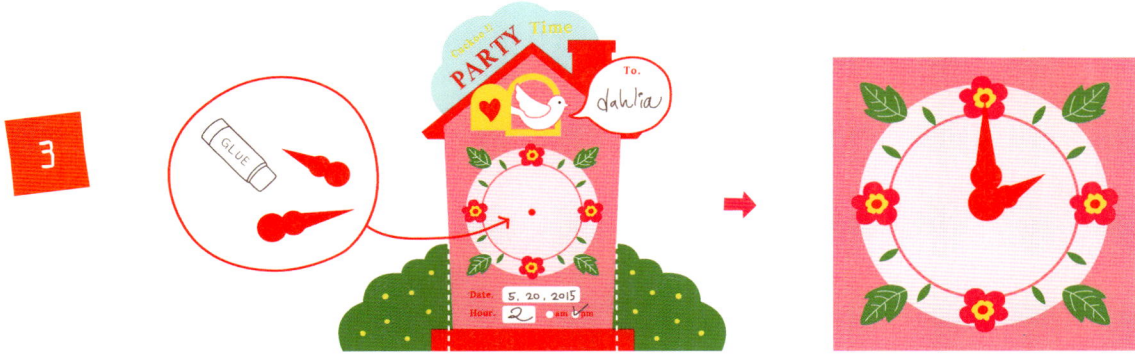

시계의 시침과 분침을 파티 시간에 맞게 시계 중심에 붙여주세요.

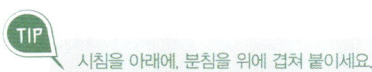

TIP 시침을 아래에, 분침을 위에 겹쳐 붙이세요.

4

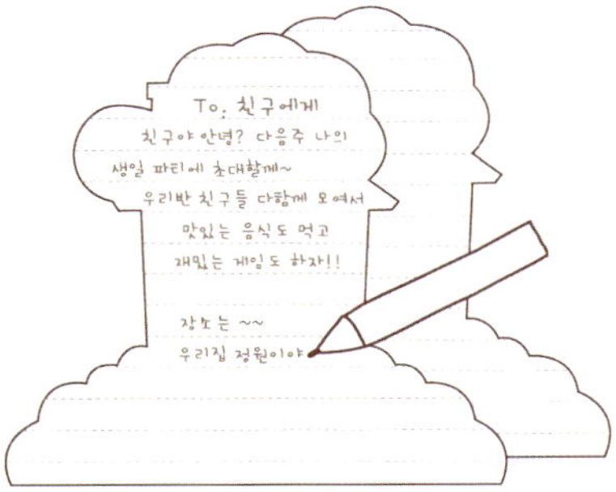

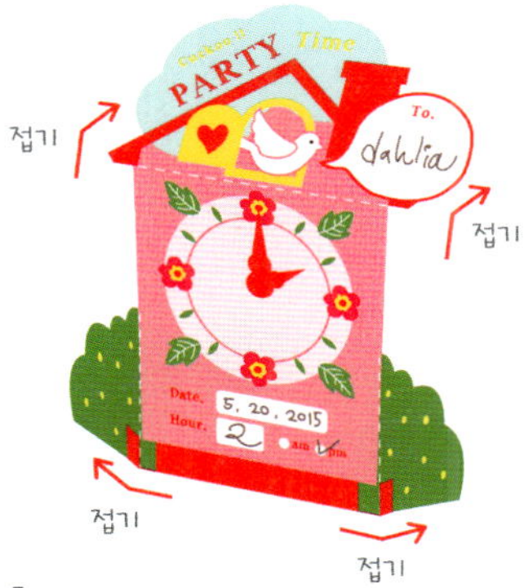

카드 뒷면에는 초대 내용을 적어줍니다.
만든 카드는 양쪽 점선을 따라 뒤쪽으로 접어 세울 수 있어요.
위쪽 지붕라인 부분을 살짝 뒤로 접어주면 더 안정감이 생겨요.

5

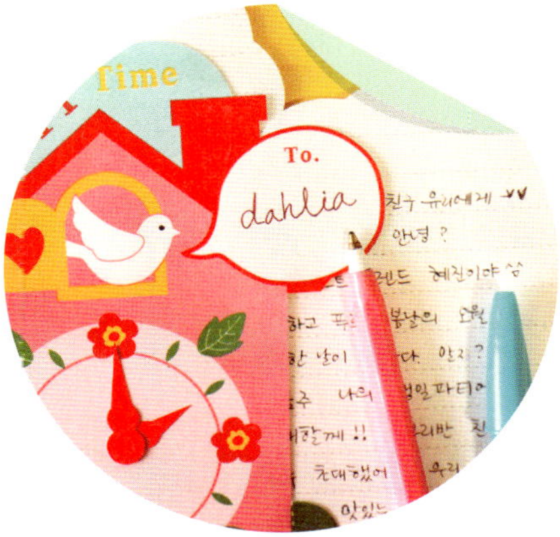

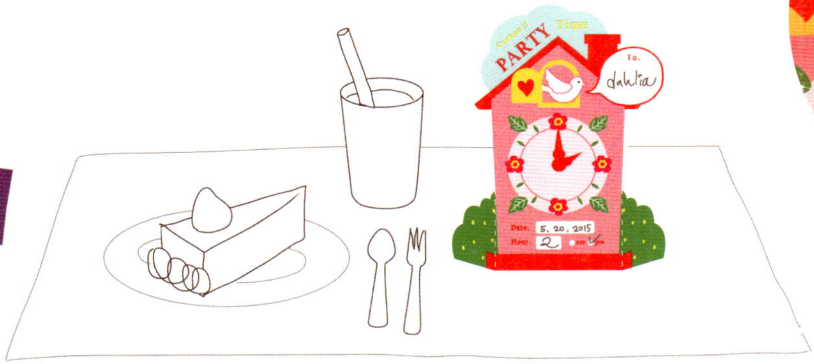

내가 만든 귀여운 쿠쿠 파티타임 초대카드를 친구들에게 전해보세요.
모두들 시간에 늦지 않게 파티에 모일 거예요.
쿠쿠 카드를 파티 테이블 위에 세워서 네임카드로도 활용해보세요.

Happy Birthday

야호! 테이블 위 작은 놀이동산에서 펼쳐지는 신나는 파티 타임~
귀여운 동물 친구들과 함께 빙그르르~
회전그네를 타며 생일축하 노래를 불러요. ♪♬~

애니멀 프렌즈 생일 케이크 번팅

귀여운 동물 친구들과 함께하는 생일파티!

친구들이느- 아이들 생일파티에 만들어
활용하면 인기만점!
빙글빙글 동물 친구들과 함께 신나는
파티를 즐겨보세요!

달콤한 케이크 위에 알록달록 천막과 깃발을 세우고
귀여운 동물 친구들을 매달아주면
재미있고 특별한 케이크 번팅이 만들어집니다.

How to make ?

Color	Level	Time
●●●●● ●●●	★★★	40min

Material   번팅 도안, 가위, 딱풀, 자, 칼, 테이프, 굵은 실 or 트와인끈, 나무꼬지

1 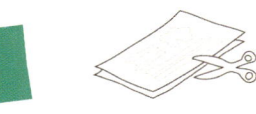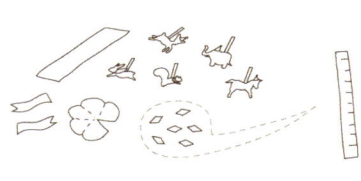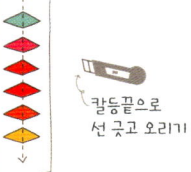

칼등끝으로 선 긋고 오리기

책 뒤쪽의 번팅 도안을
오려주세요. (p.105~107)

TIP 접는 선(점선)은 자를 대고 칼등 끝으로 미리 그어준 뒤 오리세요.
도안을 깔끔하고 쉽게 접을 수 있어요. 종이가 찢어지지 않도록 살짝만 힘을 주며 그어주세요.

2    → 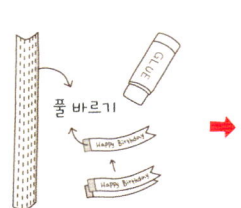 →

칼등끝으로
선 긋고 오리기

풀 바르기

기둥 도안에 표시된 점선을 따라 접어준 뒤, 오각형의 막대 형태를 만들어주세요.
큰 깃발 앞, 뒷면은 풀로 붙여줍니다. 기둥 끝면과 큰 깃발 끝부분에 풀을 바르고,
그림과 같이 기둥 위쪽에 깃발을 끼워 함께 붙여 고정해주세요.

3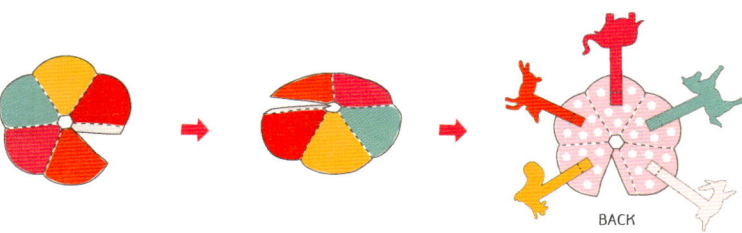

BACK

천막은 점선을 따라 접어 형태를 만드세요.
동물 친구들의 끝부분도 점선을 따라 살짝 접어 풀을 바른 후,
천막 안쪽에 그림과 같이 붙여서 매달아주세요.

4

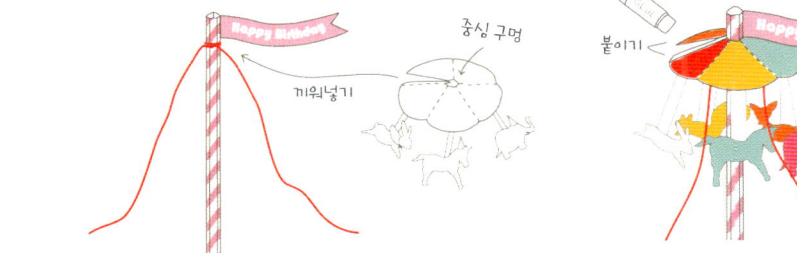

굵은 실이나 트와인끈을 적당한 길이로 잘라 기둥 윗부분에 2~3번 돌려 감아 묶어주세요.
천막의 중심 구멍을 기둥의 묶은 실 위에 걸쳐서 내려오지 않게 고정한 뒤, 풀로 붙여줍니다.

TIP 트와인끈은 인터넷에서 검색하면 쉽게 구입할 수 있어요.

5

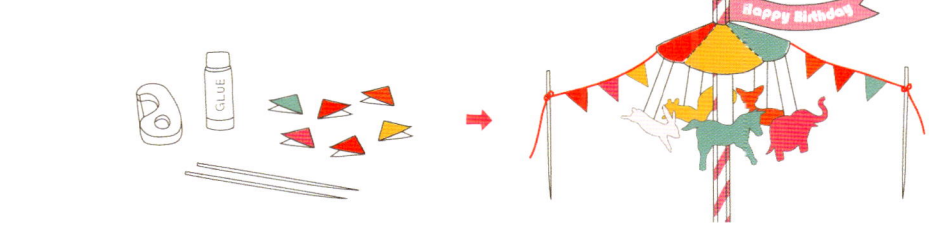

양쪽의 실은 천막 안쪽에 테이프를 붙여 고정해주세요.
작은 깃발들은 반으로 접은 뒤 풀칠하여 실에 쪼르르 매달아주세요.
나무꼬지에 깃발 달린 실을 묶어주면 완성!

6

케이크에 빙글빙글 애니멀 프렌즈 번팅을 꽂아 알록달록 귀엽게 장식한 뒤
신나는 생일파티를 해보세요!

북유럽 패턴 미니 크라운 &
도넛 컵케이크 파티 안경

알록달록 귀여운 파티 액세서리 만들기!

알록달록 예쁜 꽃과 나뭇잎,
북유럽 패턴들이 사랑스러운
귀여운 미니 크라운을 머리에 쓰고,
달콤한 컵케이크를 맛보는 행복한 시간!

오늘은 우리들이 주인공이에요!
도넛 컵케이크 파티 안경을 쓰면
어느새 유쾌한 웃음이 하하호호~

신나고 재미있는 분위기에 모두 즐거워질 거예요.
내가 만든 알록달록 미니 왕관과 안경을 쓰고
멋진 파티의 주인공이 되어보세요.

How to make ?

Color	Level	Time
(색상)	★★	50min

Material 크라운 & 파티 안경 도안, 가위, 칼, 자, 딱풀, 테이프, 리본

👑 북유럽 패턴 미니 크라운

1  ➡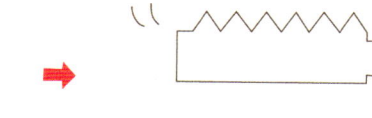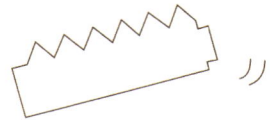

책 뒤쪽의 미니 크라운 도안을 오려주세요.(p.109)

2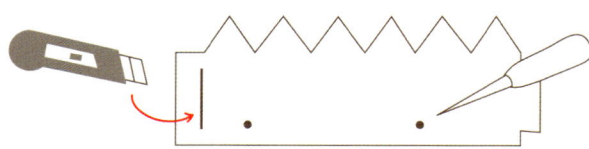

크라운의 끝부분 칼선에 칼집을 내주고,
아래쪽에 표시된 두 개의 점은 송곳으로
구멍을 뚫어주세요.

3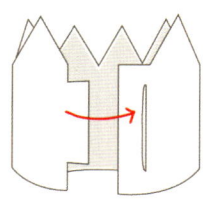

도안을 둥글게 말아 칼집에 끼우고
크라운 형태를 만들어주세요.
이때, 끼운 도안이 빠지지 않도록 안쪽에
테이프로 고정해주세요.

송곳으로 뚫은 두 개의 구멍에
리본을 끼워 매듭을 짓고
머리 위에 쓸 수 있게 만들면 완성!

도넛 컵케이크 파티 안경

1

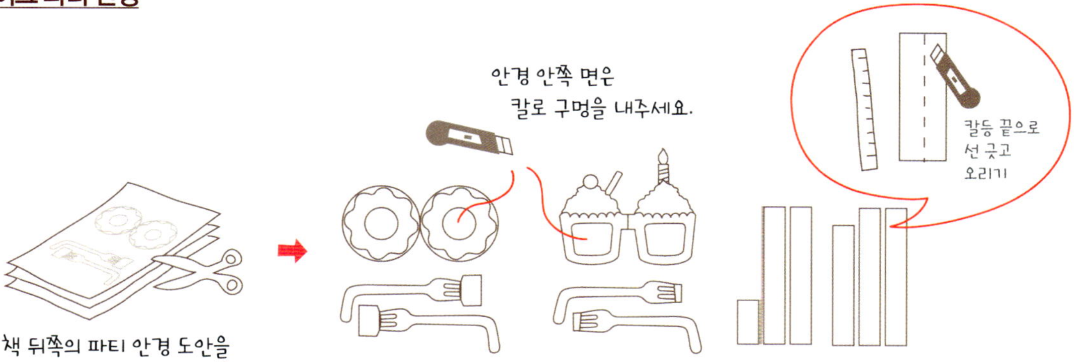
안경 안쪽 면은
칼로 구멍을 내주세요.
칼등 끝으로
선 긋고
오리기

책 뒤쪽의 파티 안경 도안을
가위로 오려주세요.(p.111~115)

2

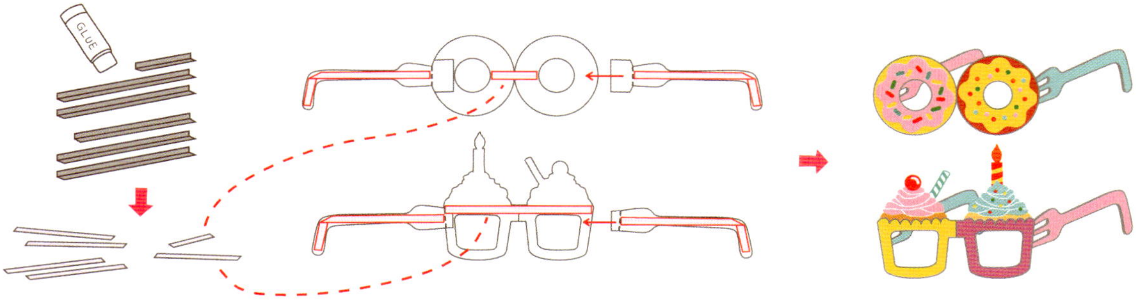
GLUE

접은 지지대 안쪽에 풀로 붙여 막대 모양으로 만들어줍니다.
도넛과 컵케이크 안경 뒷면 양 끝에 안경다리를 붙인 뒤,
만들어둔 지지대를 안경 중심과 포크 다리 쪽에 풀로 단단히 붙여 고정해주면 완성!

TIP
포크 안경다리의 꺾이는 부분은
그림처럼 지지대를 모양에 맞게 접어서 붙여주세요.

3

Congratulation!

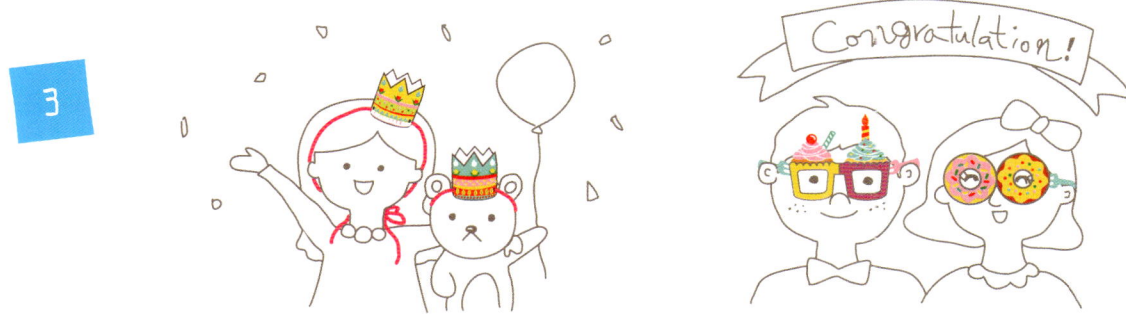

내가 만든 알록달록 미니 크라운과 도넛 컵케이크 안경을 쓰고
신나는 파티를 즐겨보세요!

두둥실~
아이스크림 풍선 장식

달콤반짝 아이스크림 파티!

파티 분위기를 한껏 빛내주는 알록달록 풍선 장식들.
반짝반짝 별들과 달콤한 아이스크림 친구들을
오리고 붙이고, 풍선에 매달아 두둥실 띄워보세요.

놀이동산에 놀러온 아이처럼
두 눈은 반짝 빛나고, 마음은 마냥 행복한 오늘!

How to make ?

Color	Level	Time
	★★	60min

Material 풍선 장식 도안, 풍선, 가위, 칼, 양면 테이프, 리본, 낚싯줄, 투명테이프

1

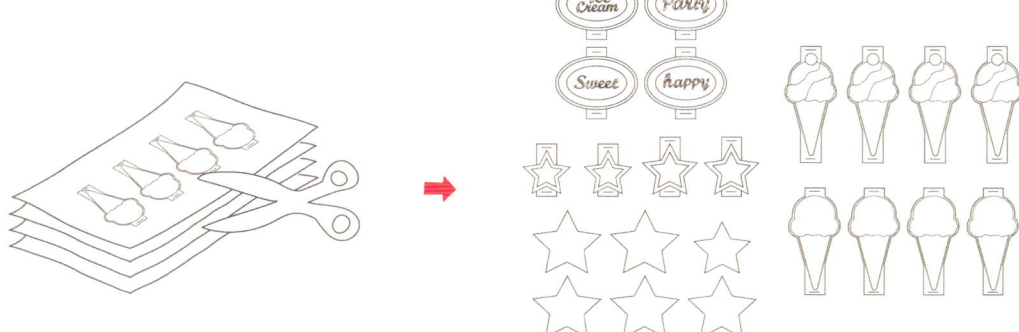

책 뒤쪽의 풍선 장식 도안을 오려주세요. (p.117~121)

2

칼집

도안의 위와 아래에 있는 칼선에 칼집을 내주세요.

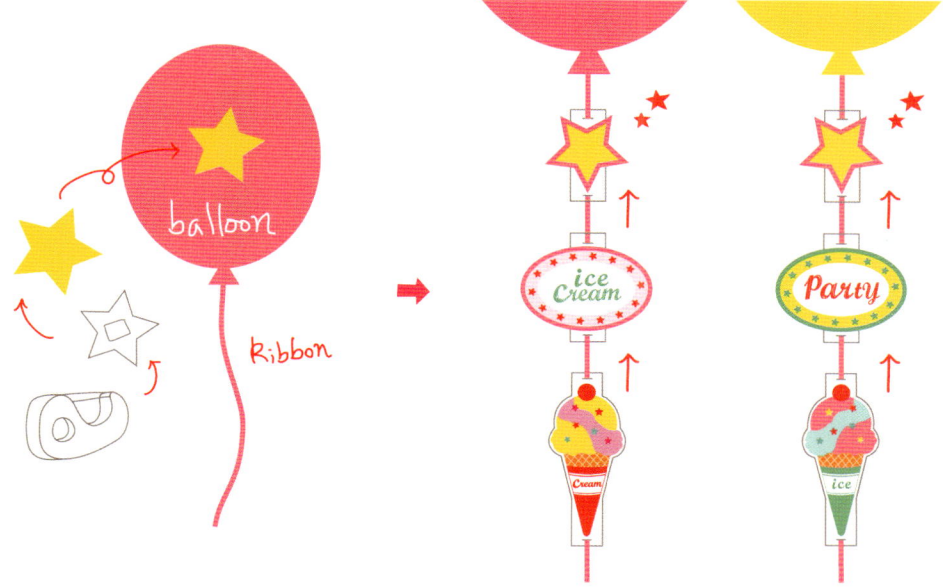

TIP 풍선을 띄울 때는 헬륨가스를 이용하거나,
낚싯줄을 천장에 붙이고 풍선 위쪽에
연결하여 띄워주세요.

풍선을 불고, 적당한 길이로 자른 리본을 묶어줍니다.
별 도안 뒷면에 양면 테이프를 붙이고 풍선에 장식하세요.
풍선 리본에 아이스크림 장식 도안들을 칼집 사이에 하나씩 끼워 올려주면 끝!

풍선 장식들과 함께 두둥실~ 달콤반짝 아이스크림 파티를 즐겨보세요.
달달한 분위기 가득한 신나는 파티로 기억될 거예요!

 TIP 아이스크림 풍선 장식은 선물 포장 태그로 활용해도 좋아요.

백조의 호수 모빌을 만들어
예쁘게 차린 파티 테이블 위에 매달아보세요.
사랑스럽고 우아한 분위기에 마음까지 설렐 거예요.

Swan Lake Party

백조의 호수 파티 모빌

사랑스럽고 우아한 파티를 즐겨요~

파티 후에는 사랑스러운 인테리어 소품으로
간직할 수 있겠지요?
모빌 도안을 오리고 실에 달아
예쁘게 만들어보세요.

소중한 사람의 생일이나 기념일은 물론
Tea파티나 브라이덜샤워, 웨딩파티, 커플파티 등에
더없이 잘 어울리는 모빌이랍니다.

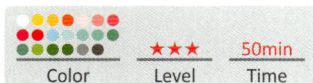

How to make ?

Color	Level	Time
	★★★	50min

Material **모빌 도안, 가위, 송곳 or 굵은 바늘, 실, 딱풀**

1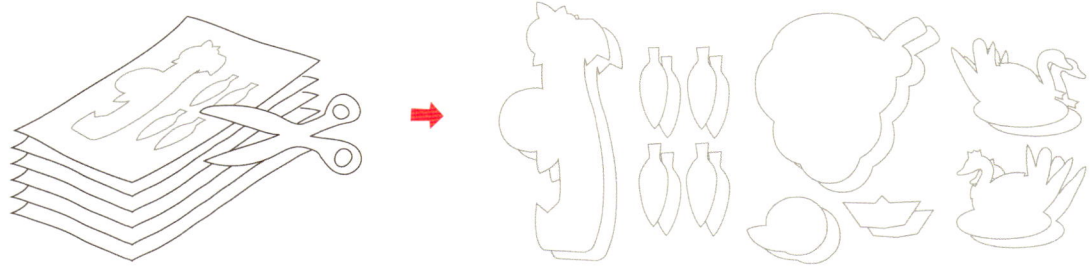

책 뒤쪽의 모빌 도안을 오려주세요. (p.123~133)

TIP 앞면과 뒷면 도안을 모두 오리세요.

2

앞면 도안 표시된 점에 송곳이나 굵은 바늘로 작게 구멍을 뚫어주세요.

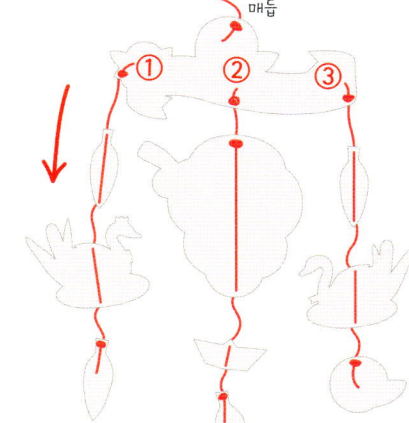

균형감 있게 연결된 모빌은 뒷면의 매듭과 실이 보이지 않도록
뒷면(Back) 도안들로 맞붙여 깔끔하게 마무리하면 됩니다.

3

도안들을 모두 연결해 모빌을 만들 차례예요.
실을 약 45cm 정도 길이로 잘라 4가닥을 준비합니다.
앞면 도안들을 위쪽 그림처럼 뒤집어 배치하고,
1번 실부터 구멍에 넣었다 빼며 아래쪽 도안으로 연결합니다.
2번, 3번 실도 같은 방법으로 연결하고, 천장에 매달 4번 실도 연결하세요.

TIP 도안의 간격을 적당히 조절하며 모빌의 균형을 맞춥니다.
실의 위쪽과 아래쪽은 매듭지어 고정하고, 남은 실은 잘라주세요.

4

백조의 호수 모빌을 매달고 사랑스러운 파티 분위기를 연출해보세요.
잔잔한 호숫가의 우아한 백조와 발레리나처럼
파티에 모인 우리들의 마음도 설렘 가득할 거예요!

풀 바르는 면

접는 선

자르는 선

컵케이크 파티 토퍼 도안

컵케이크 파티 토퍼 도안

컵케이크 파티 토퍼 도안

컵케이크 파티 토퍼 도안

상큼 후르츠 글래스 장식 도안

상큼 후르츠 글래스 장식 도안

상큼 후르츠 글래스 장식 도안

캐릭터 컵케이크 라이너 도안

캐릭터 컵케이크 라이너 도안

캐릭터 컵케이크 라이너 도안

앨리스

달콤공주

숲속요정

캐릭터 컵케이크 라이너 도안

인어공주

빨간모자

플라워 부케 냅킨링 도안

플라워 부케 냅킨링 도안

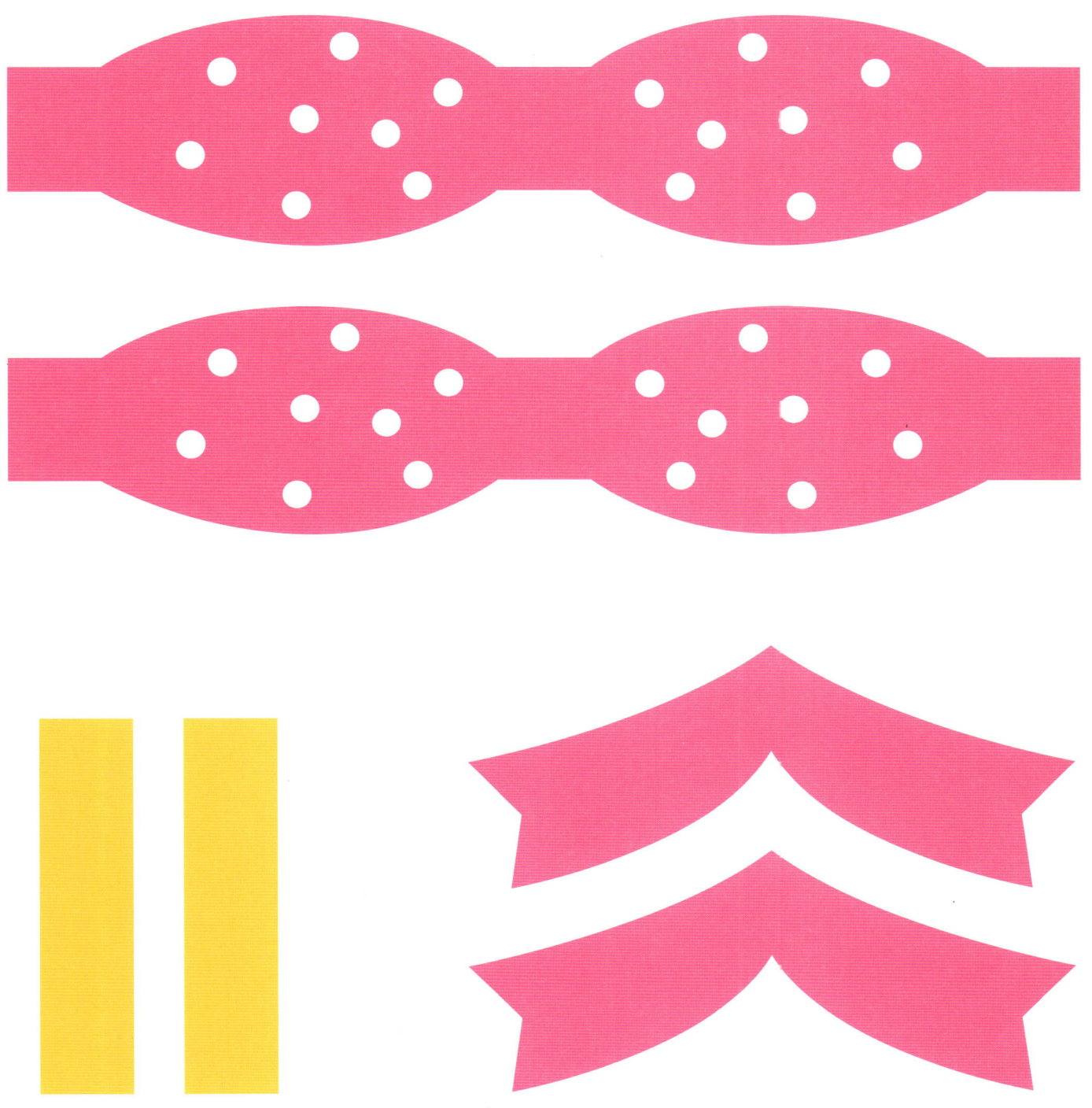

플라워 부케 냅킨링 도안

기프트 파티 가랜드 도안

기프트 파티 가랜드 도안

기프트 파티 가랜드 도안

팜랜드 파티 종이컵 장식 도안

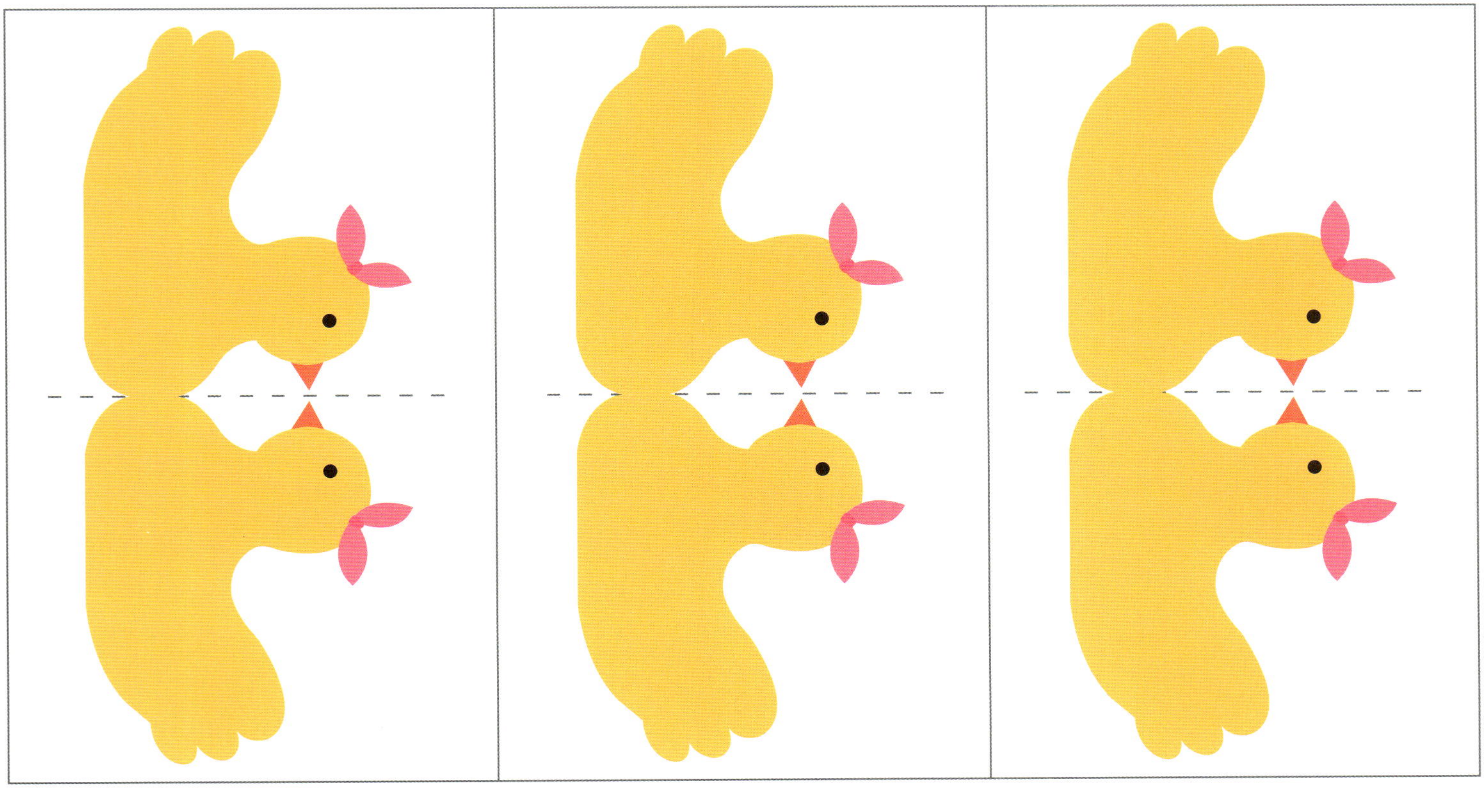

팜랜드 파티 종이컵 장식 도안

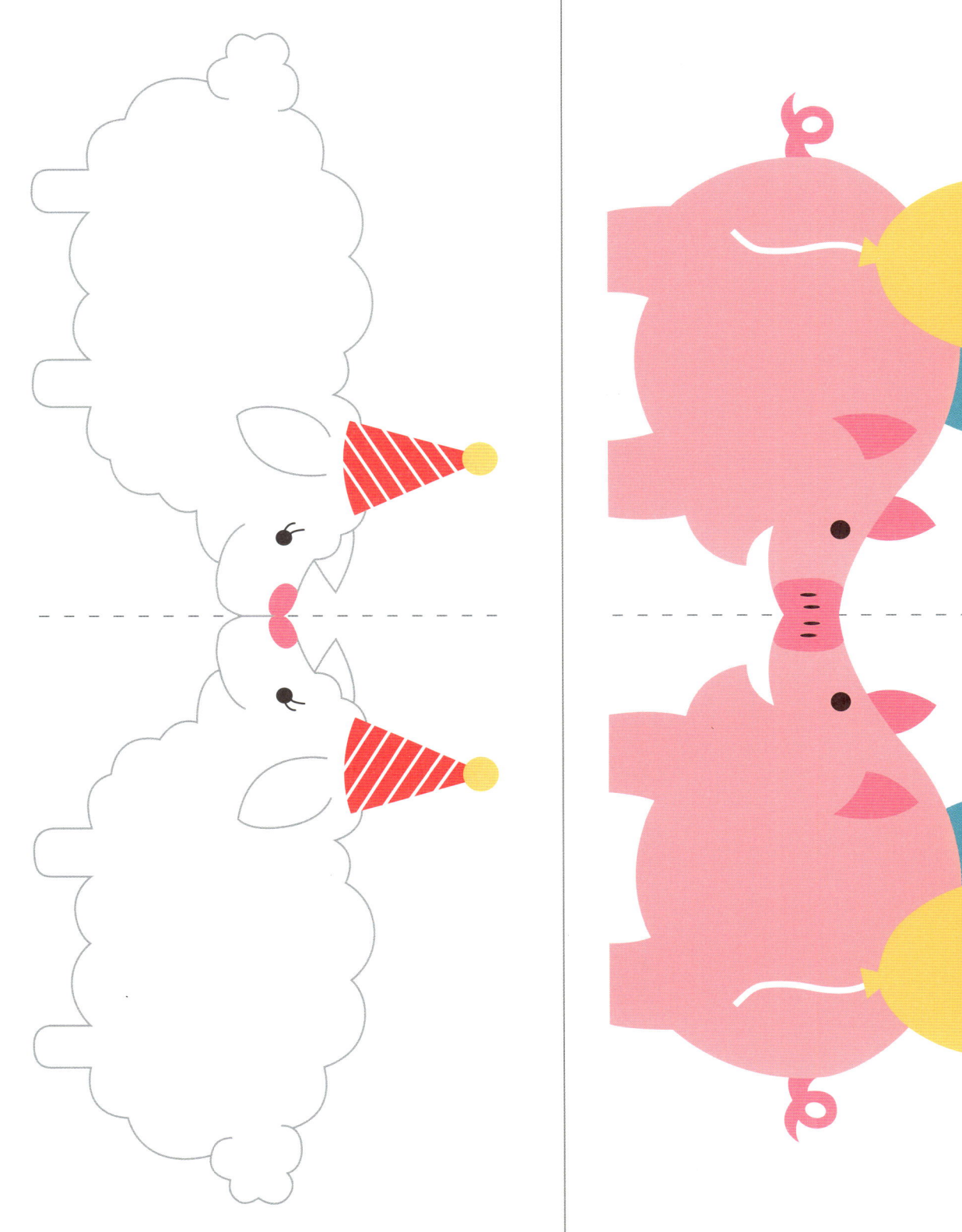

팜랜드 파티 종이컵 장식 도안

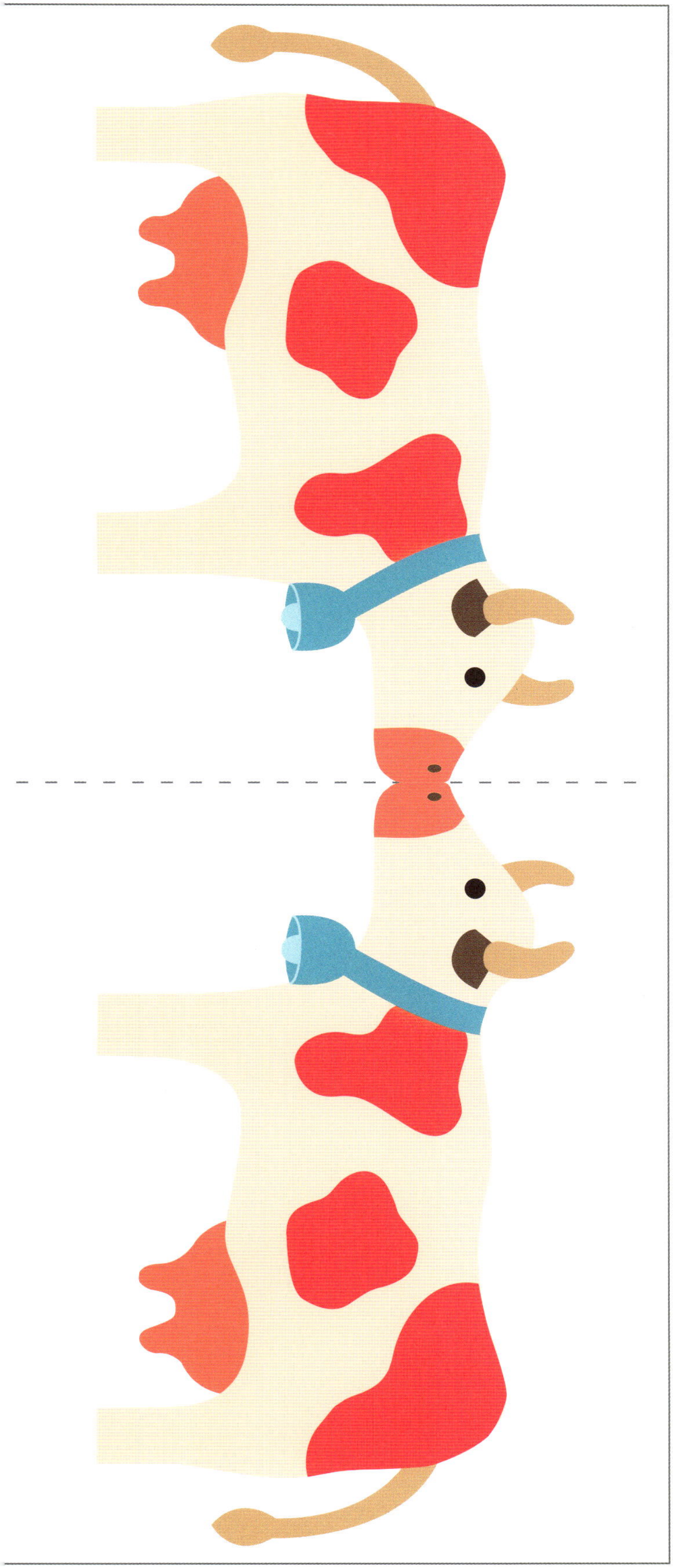

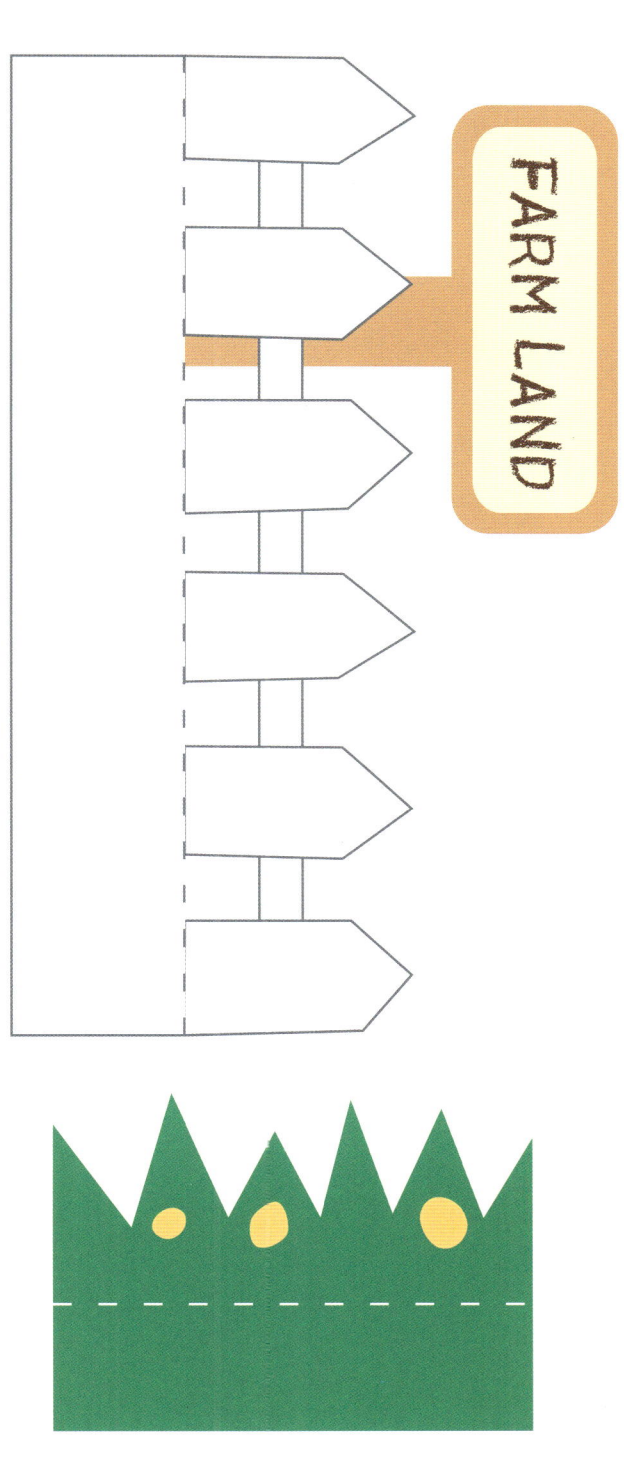

팜랜드 파티 종이컵 장식 도안

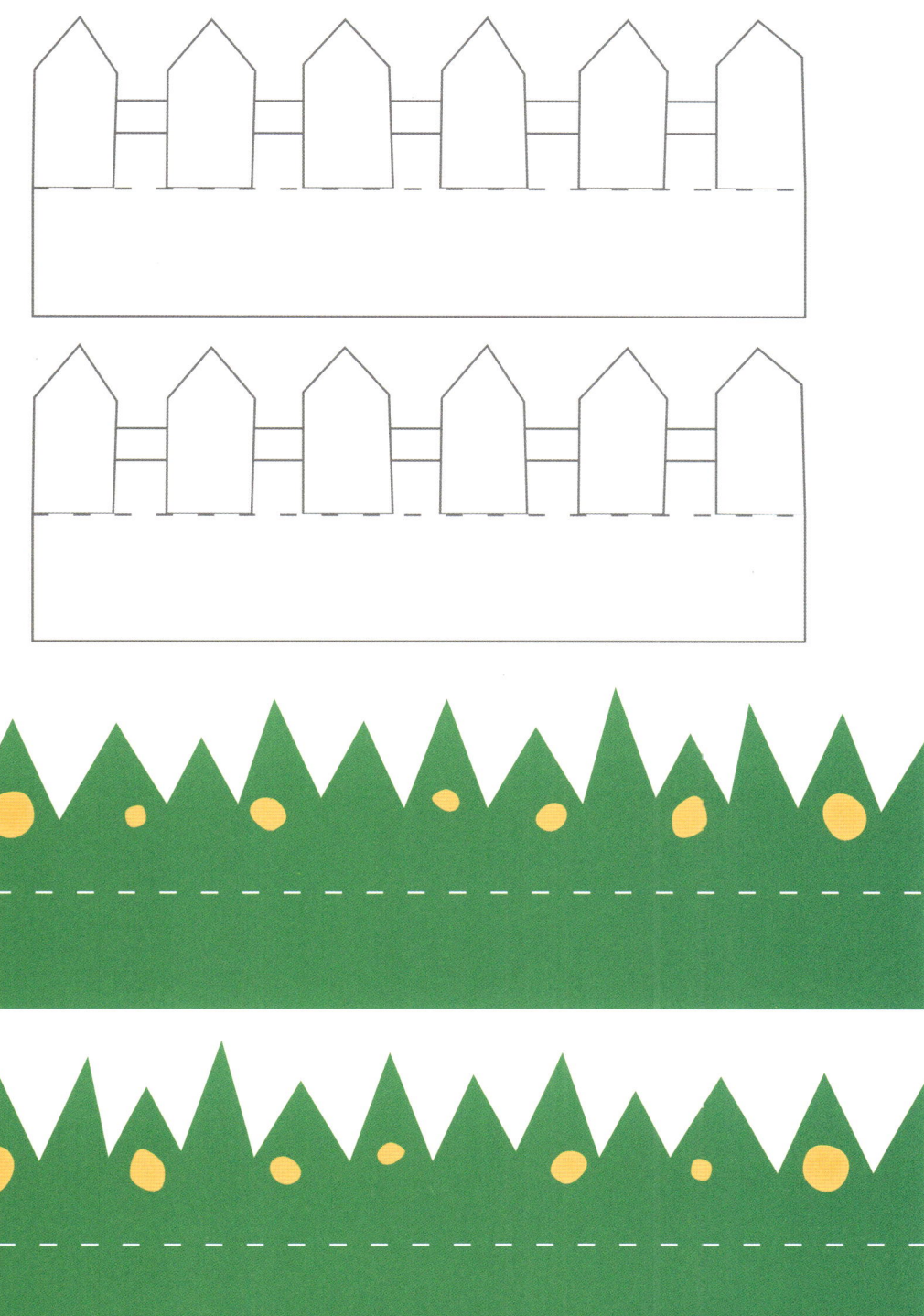

요미가든 스트로우 장식 도안

요미가든 스트로우 장식 도안

쿠쿠 파티타임 초대카드 도안

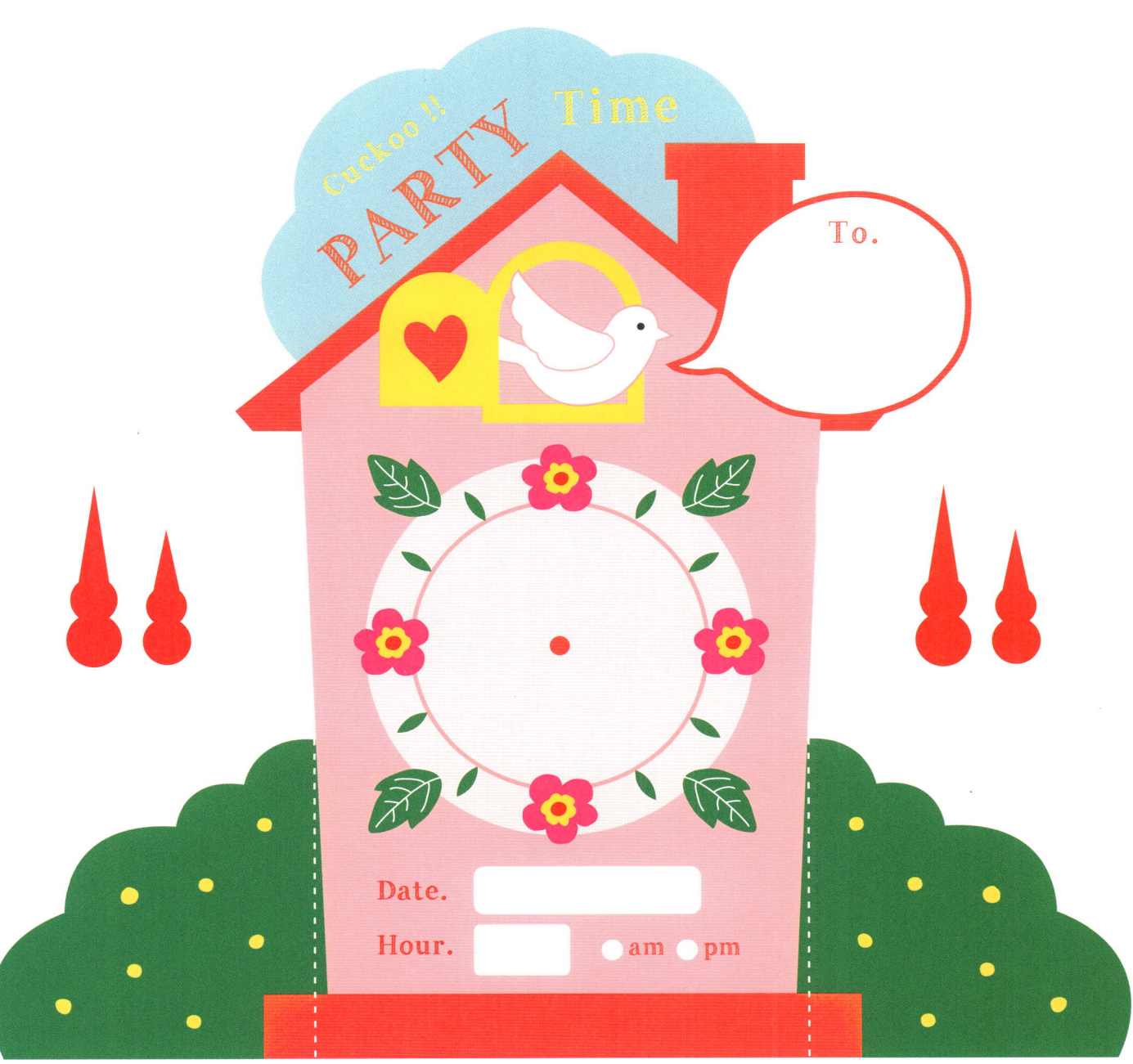

쿠쿠 파티타임 초대카드 도안

애니멀 프렌즈 생일 케이크 번팅 도안

앞   뒤

애니멀 프렌즈 생일 케이크 번팅 도안

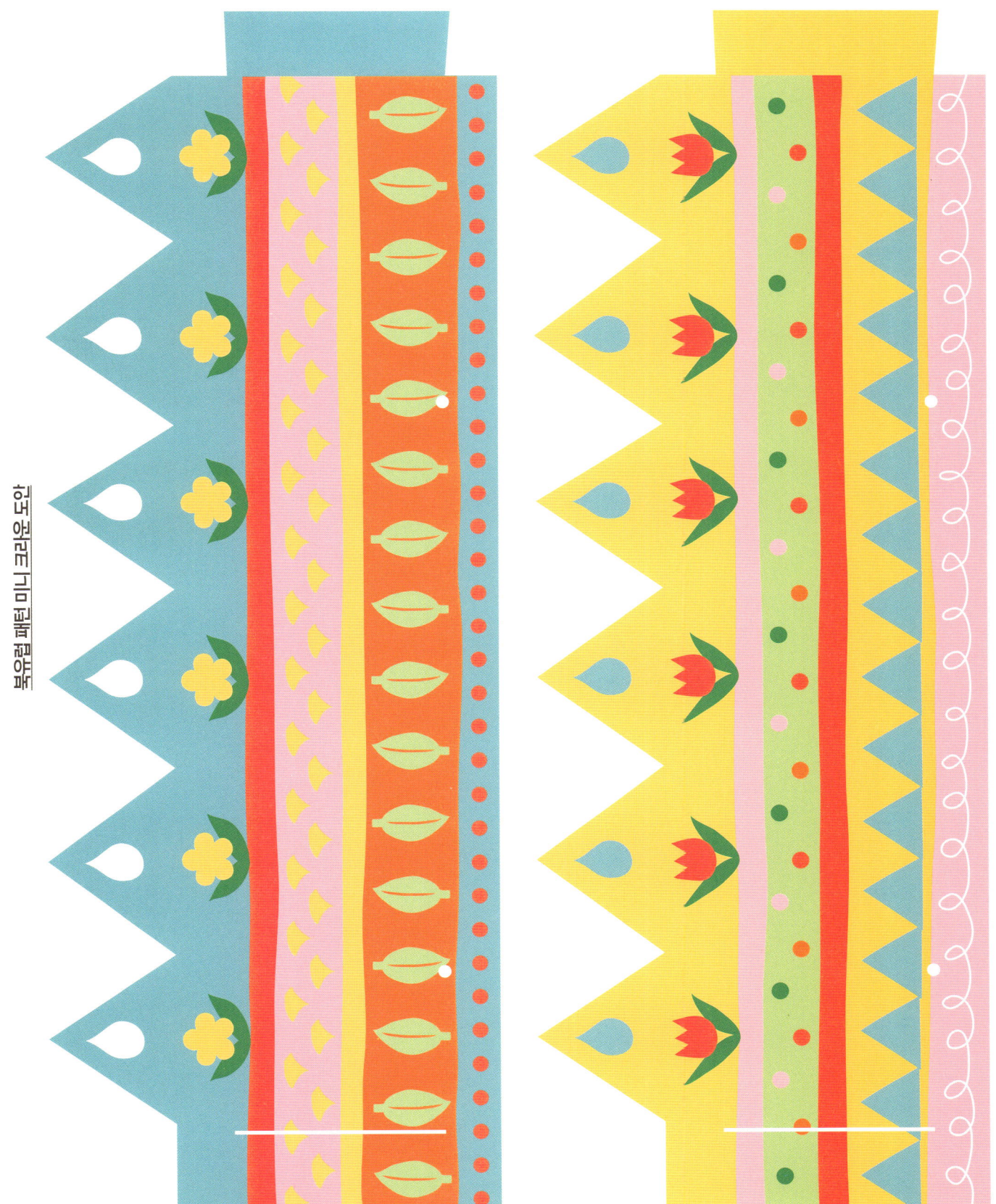

북유럽 패턴 미니 크라운

도넛 컵케이크 파티 안경 도안

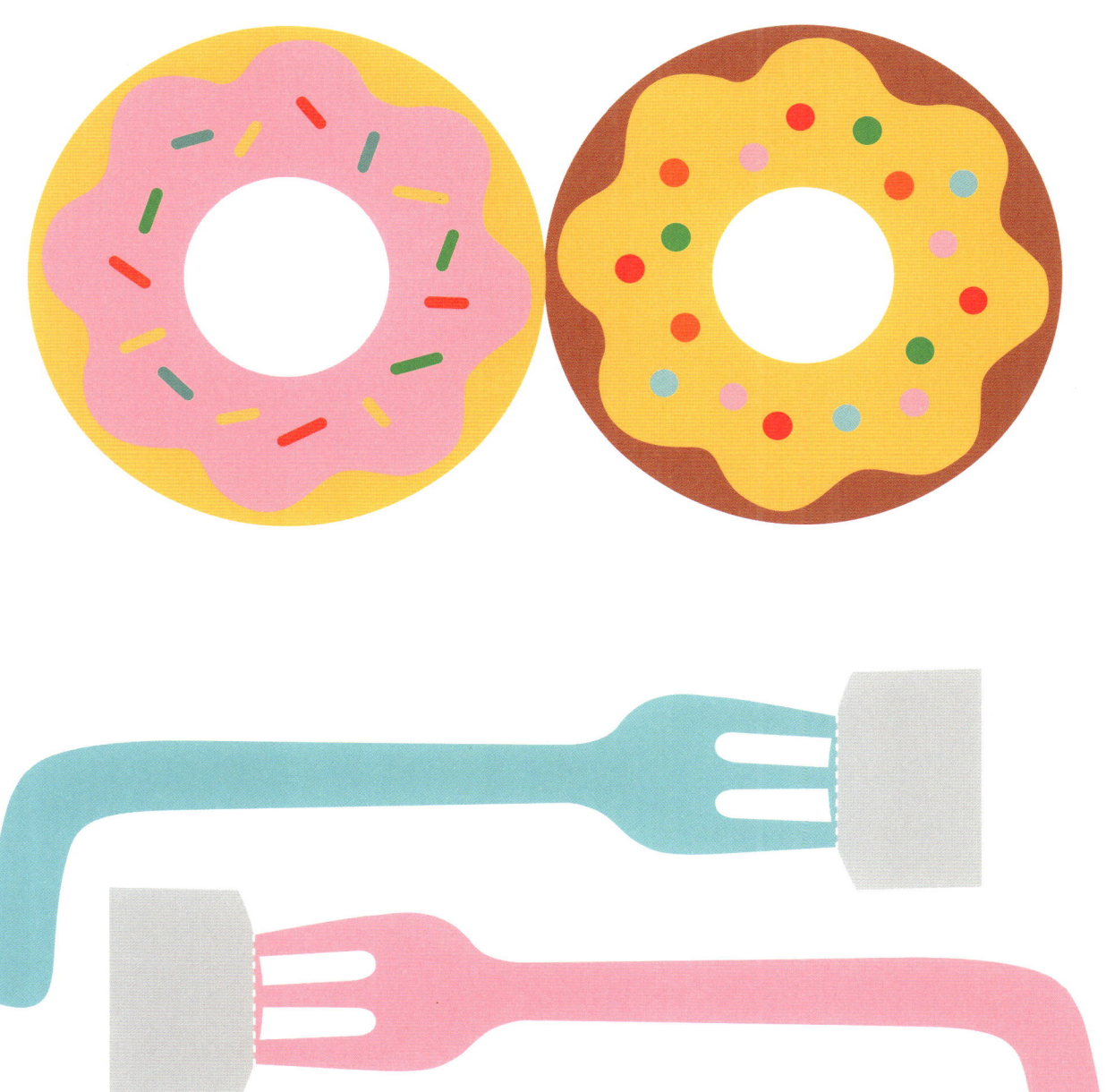

도넛 컵케이크 파티 안경 도안

도넛 컵케이크 파티 안경 도안

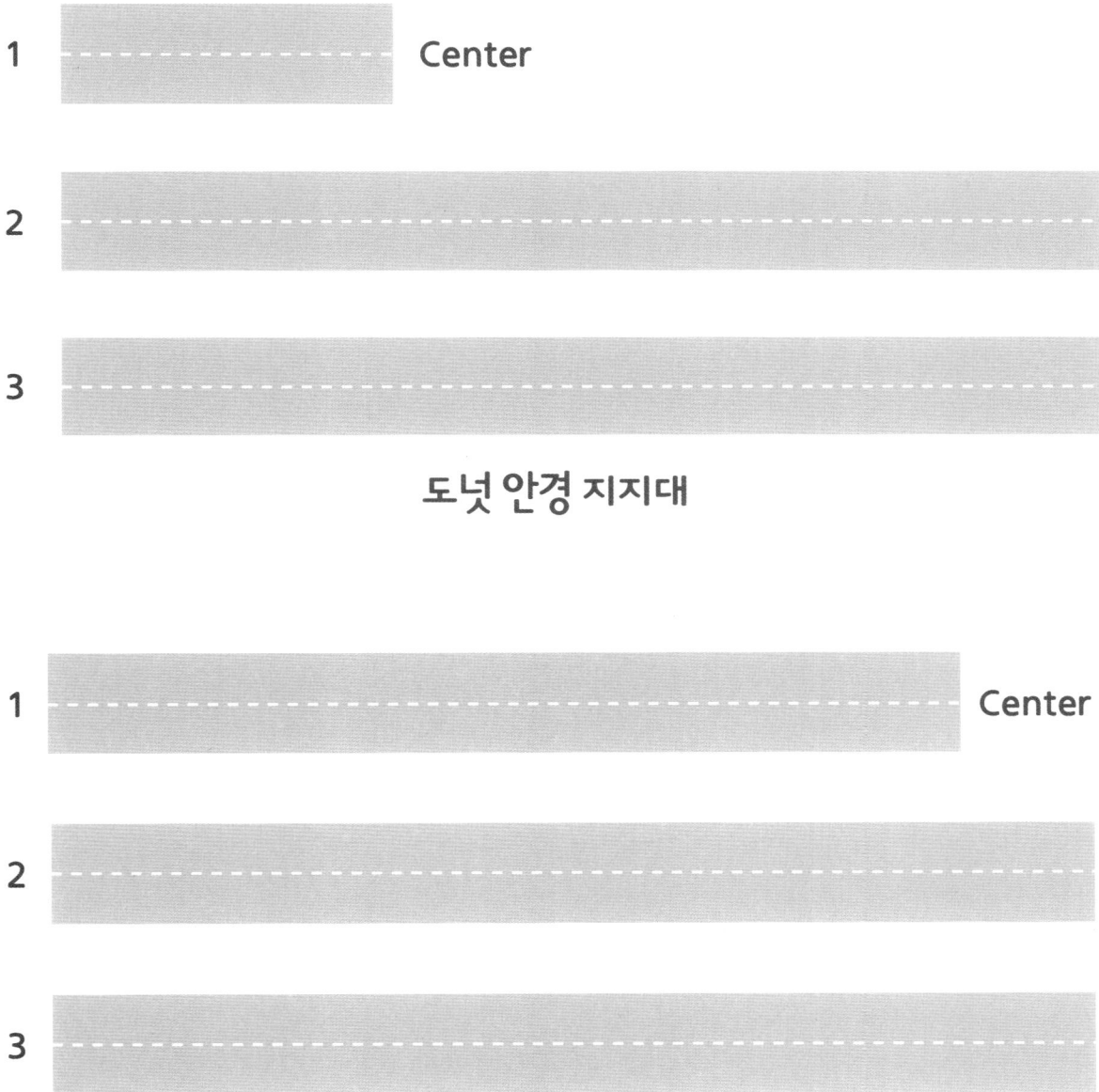

1 Center

2

3

도넛 안경 지지대

1 Center

2

3

컵케이크 안경 지지대

아이스크림 풍선 장식 도안

아이스크림 풍선 장식 도안

아이스크림 풍선 장식 도안

백조의 호수 파티 모빌 도안

앞

백조의 호수 파티 모빌 도안

뒤

Swan Lake Party

백조의 호수 파티 모빌 도안

앞

백조의 호수 파티 모빌 도안

뒤

백조의 호수 파티 모빌 도안

앞

백조의 호수 파티 모빌 도안

뒤